A ti, Bélem. Gracias a todo esto,
puedo bajarte de los hombros
cuando paseamos por el campo.
Raphaël Martin

A mis padres y a Hugo,
que trepa hasta la copa de los arces.
Claire Schvartz

Raphaël Martin

Claire Schvartz

Veo veo, ¿qué ves?

UN LIBRO QUE DESAFÍA LA IMAGINACIÓN

LIBROS DEL ZORRO ROJO

¿Crecen piruletas en la hierba?

No exactamente… Este pompón está formado por unos filamentos,
llamados vilanos, tan ligeros que echan a volar de un soplido.
¡Cierra los ojos, toma aire y pide un deseo!

Son semillas de diente de león.

Cuando estas flores amarillas pierden sus pétalos, dejan ir unas semillas diminutas. Cada una de ellas lleva una especie de paracaídas de hilitos, ¡un sofisticado sombrero para dispersarse con el viento!

¿Quién ha construido este montículo?

Esta especie de cúpula hecha con agujas de pino, ramitas y grava se encuentra en los bosques de Europa y América. Puede alcanzar hasta un metro y medio de altura, ¡casi tanto como tú!

Las habilidosas hormigas rojas.

Millones de hormigas habitan estos hormigueros gigantes. En una de las cámaras
subterráneas la reina pone huevos. Las larvas crecen resguardadas
en este fabuloso castillo mientras son alimentadas por las hormigas obreras.

¿Quién vive en esta cabaña?

Estas construcciones se encuentran con frecuencia en los ríos y lagos de América del Norte, pero también en Europa. Son obra de unos grandes roedores famosos por su cola plana, ¡y por su enorme talento como arquitectos!

Es la casa de los castores.

Levantan sus cabañas con ayuda de ramas que cortan con los dientes.
La entrada está debajo del agua y conduce a una madriguera donde se refugian
durante el invierno y en caso de peligro. Ahí también nacen sus crías.

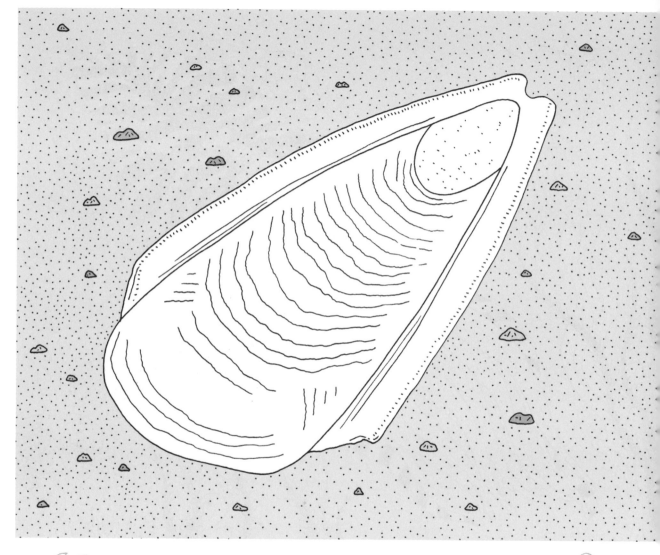

¿Una tabla de surf en miniatura?

A veces, el mar deposita estas extrañas placas ovaladas en la orilla,
que también encuentras en las tiendas de comida para pájaros.
Pero ¿qué es esta golosina blanca con la que tanto disfrutan los loros?

Es un hueso de sepia.

Este molusco habita en los mares y océanos de todo el mundo.
Solo esta fina placa, llamada «jibión», forma su esqueleto. Si encuentras
una en la playa, podrás grabar un dibujo en ella con un objeto puntiagudo.

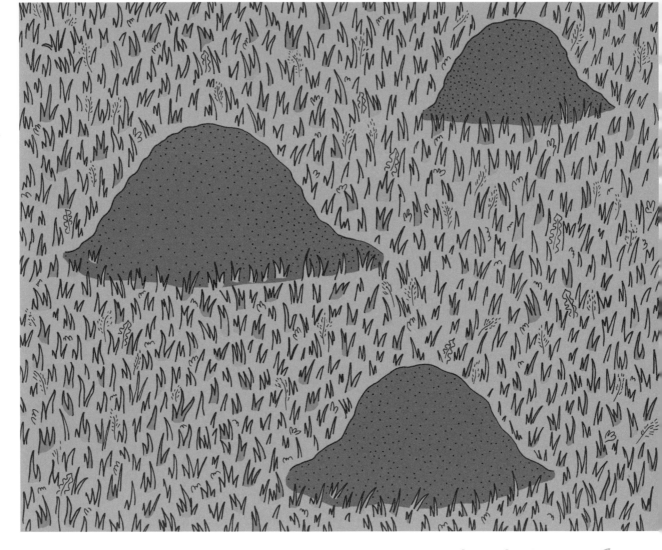

¿Qué son esos montoncitos en el jardín?

¿Habrán aparecido por arte de magia durante la noche?
Si retiramos la tierra cuidadosamente con una pala, podremos ver un agujero
que se hunde en el suelo y conduce a unas galerías subterráneas.

Son toperas, las madrigueras de un topo.

Se forman con la tierra que se amontona cuando el topo cava túneles con sus fuertes garras. De esta forma encuentra los gusanos y las larvas de las que se alimenta. ¡Un dolor de cabeza para los jardineros!

¿Quién vive en estas casitas de madera?

Generalmente se instalan en campos abiertos, bosques y montañas donde hay muchas flores. También podemos encontrarlas en las ciudades, en las azoteas de algunos edificios. ¿Sabes qué insectos alados viven en ellas?

Cada colmena alberga una colonia de abejas.

El apicultor instala unos panales de madera en el interior de las colmenas,
donde las abejas construyen celdas de cera. Algunos panales contienen sus larvas
y otros se utilizan para almacenar la miel. ¡Qué delicia!

 **¿Qué habitantes del bosque viven aquí?**

Todo el mundo conoce estos animalitos, que se pasan el día recogiendo avellanas, nueces y bellotas. Si levantamos la vista, a veces podemos distinguir una cola peluda trepando por las ramas.

Es el nido de una familia de ardillas rojas.

Para construir las paredes de su nido en un árbol, las ardillas emplean
ramas forradas de hojas secas, ideales para conseguir un hogar
de lo más cómodo y discreto.

¡Qué bolas verdes tan curiosas!

Decoran algunos árboles de los campos y jardines y, a primera vista, resultan muy apetitosas, pero más vale no probar estos extraños frutos cuando aún están verdes, porque tienen un gusto muy amargo.

Son nueces, frutos del nogal.

En otoño, la cáscara que las envuelve se seca hasta volverse marrón.
Cuando las nueces caen al suelo, es hora de recogerlas para cascarlas
y comerlas frescas. También podemos dejarlas secar unos meses.

¿Quién ha perdido este magnífico adorno?

No pertenece a un ave exótica ni a un vistoso loro de la selva tropical,
sino a un habitante de los bosques de Asia y Europa.
¿Conoces este amante de los insectos y las bellotas?

 Es la pluma de un arrendajo.

Este primo del cuervo se distingue por los preciosos colores de sus alas.
En cambio, no destaca por su canto, que es más bien una sucesión de gritos roncos
y estridentes. ¿Su especialidad? Almacenar provisiones para el invierno.

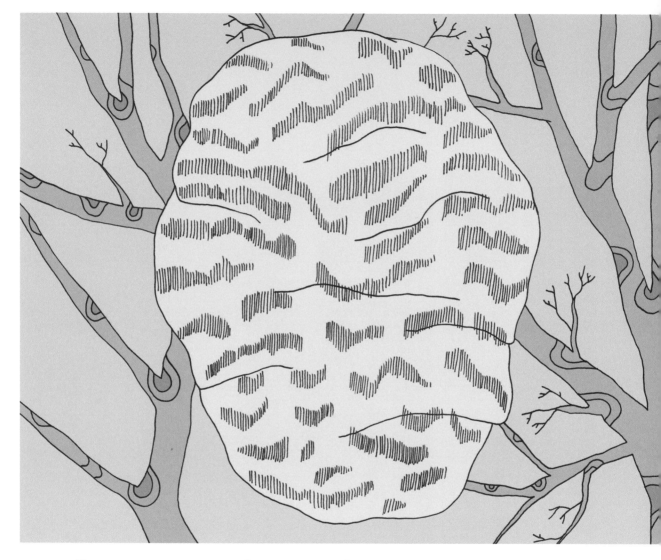

¿Una pelota desinflada en un árbol?

Ya esté colgada de las ramas de un árbol o disimulada en
la chimenea de una casa o un granero, ¡mucho cuidado con acercarse!
Los insectos que habitan en el interior pican si los molestan.

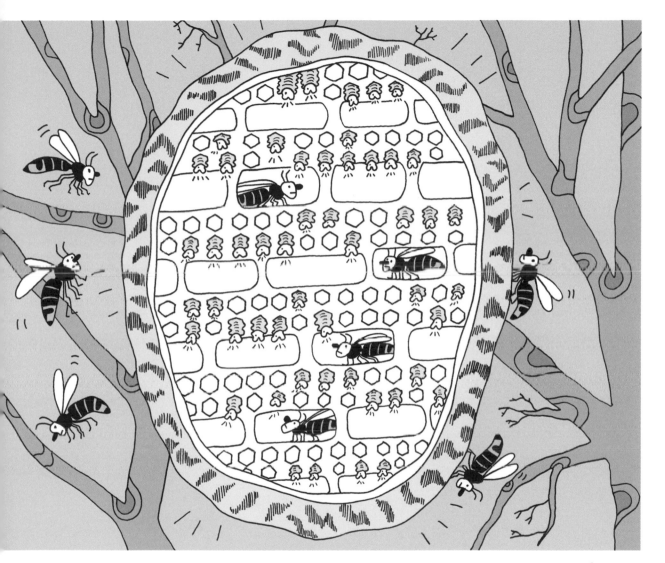

Este nido cobija avispas asiáticas.

Está hecho de una especie de papel maché que fabrican ellas mismas masticando madera. Contiene una decena de pisos, donde las miles de crías de la colonia crecen bien protegidas: ¡una casa-nido gigante!

¿Quién se ha olvidado la camisa?

Suele encontrarse entre las piedras o bajo los arbustos, y a veces supera
el metro de largo. Si observamos bien, constataremos
que su propietaria no tiene brazos ni piernas, sino escamas…

¡Sí, es una muda de serpiente!

Durante su crecimiento, algunos reptiles cambian de piel, pues la que tienen
se les ha quedado pequeña, y es como si se quitaran un calcetín muy ajustado.
Debajo ya se les ha formado una piel nueva a estrenar.

¿Qué contiene esta cesta gigante?

Sobre las chimeneas, los árboles o los postes eléctricos pueden verse estos cestos tan amplios, fabricados por unas aves de plumaje blanco con adornos negros, conocidos por sus migraciones anuales entre Europa y África.

Es un nido de cigüeñas blancas.

Está hecho a base de ramitas y tallos. Año tras año, se llena de plumas,
cacas y otros desechos: un abrigo tan mullido para los cigoñinos recién nacidos
que a veces llega a pesar varios cientos de kilos.

¡Este saquito está muy bien camuflado!

Bajo una hoja de ortiga o en la grieta de una pared, se agarra a su soporte gracias a unos ganchitos minúsculos o un hilo de seda. En el interior, un insecto en plena metamorfosis pronto levantará el vuelo. ¿Cuál es?

Es la crisálida de una oruga.

En ese envoltorio protector, la larva sufre diversas transformaciones:
le aparecen los ojos, se le alargan las antenas y le crecen unas alas.
¡De ahí saldrá en forma de bonita mariposa!

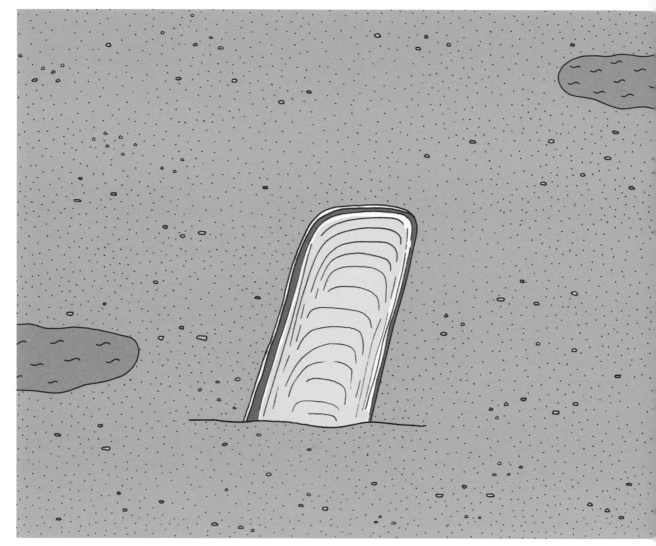

¿Es la uña de un gigante?

Hay muchas en las marismas, esas partes de la playa que se descubren
con la marea baja. No pertenece a un monstruo ni a una bruja,
sino a un animal muy pacífico que vive bajo la arena…

¡No es más que la concha de una navaja!

El molusco que habita en el interior parece un gusano plano. Aunque vive en el mar, detesta las aguas muy saladas. De hecho, para que salga del agujero donde se entierra bajo la arena mojada, los mariscadores le echan sal encima.

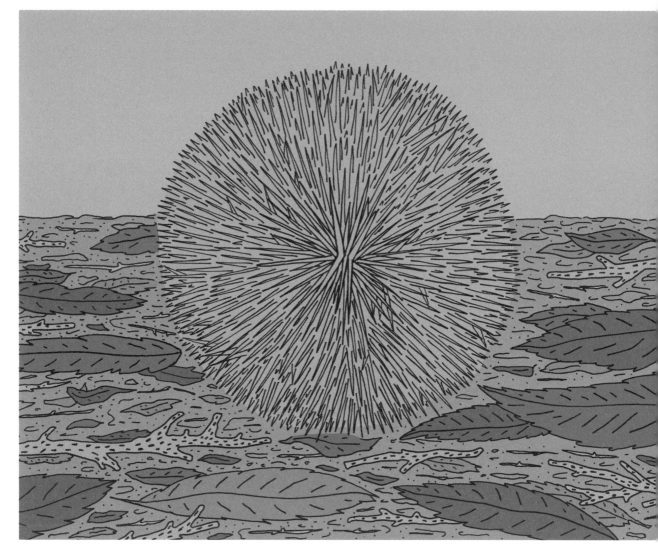

¡Ay! Pero ¿qué es esta bola de pinchos?

Podemos observarla en verano, muy verde, colgada de ciertos árboles.
Poco a poco, va adquiriendo un color pardo, se resquebraja
y cae al suelo, donde desvela su contenido.

Es el zurrón de una castaña.

En otoño se abre y suelta su fruto, la castaña, de la que podrán nacer nuevos árboles… A menos que algún paseante se dedique a recogerlas en un cesto para luego asarlas o cocerlas. ¡Están deliciosas!

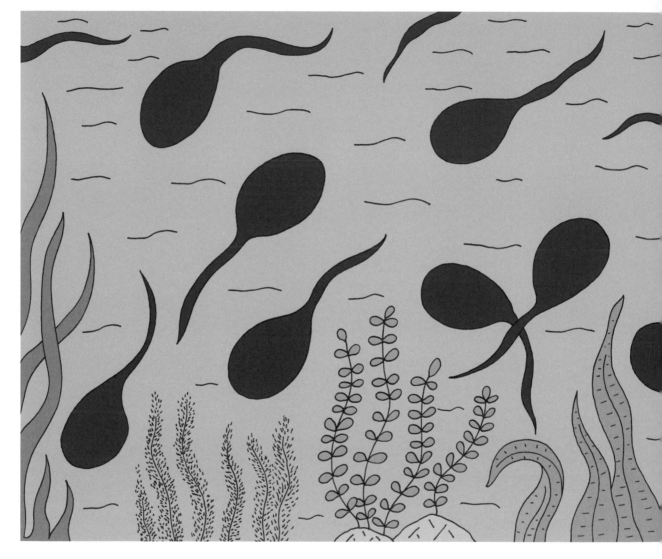

¿Y estos bebés tan moviditos?

Todos ellos acaban de salir de los huevos que una rana verde
puso hace diez días. ¿Sabes cómo se llaman estos pequeños habitantes
de las charcas y los estanques?

¡Una pandilla de renacuajos!

Tras la eclosión de los huevos, al nacer, parecen pececillos
con la cabeza muy grande, pero pronto empezarán a crecerles las patas
hasta adoptar la forma de una rana. ¡Croac, croac!

¡Bolas de Navidad en miniatura!

Aparecen durante el otoño en los setos que bordean los caminos,
y resisten bien el frío del invierno. Se pueden recolectar, pero cuidado,
porque crecen en arbustos con unas espinas de lo más temibles.

Son bayas de escaramujo.

Entre abril y junio, este rosal silvestre exhibe sus flores delicadas
y olorosas. Los más glotones esperan la llegada del otoño
para hacer mermelada con este fruto, ¡muy rico en vitamina C!

¡Qué caca tan tétrica!

Si la deshacemos con unas pinzas, podremos observar
que está compuesta de pelos y huesecillos. Pero
¿de dónde salen esos minúsculos esqueletos que contiene?

Es una egagrópila de búho real.

 Esta ave rapaz se alimenta de roedores, como ratones o musarañas. Cuando termina de comer, escupe una bola que contiene todo aquello que no puede digerir. ¡Qué manera tan curiosa de alimentarse!

¿Un miniabanico de playa?

Lo parece, pero es la concha de un animal marino que vive sobre bancos de arena, en el fondo de los océanos. Mide unos diez centímetros de ancho y su contenido es delicioso a nuestro paladar.

Es una concha de vieira.

Este bivalvo puede llegar a tener doscientos ojos y es capaz
de desplazarse por el agua con su propulsión a chorro. A veces se queda
atrapado en las redes de pesca, y de ahí, ¡directo a la mesa!

¡Pequeños helicópteros surcan los aires!

Muchos niños y niñas se divierten lanzando estas semillas al aire
para hacerlas girar, pero muy pocos saben cómo se llaman.
Ya es hora de que lo descubran…

Son sámaras de arce.

En otoño, este árbol disemina sus semillas aladas con ayuda del viento
para que puedan crecer nuevos árboles. Un consejo: hay que esperar a que la sámara
esté bien seca para jugar con ella, porque ¡cuando está verde no vuela!

¿Un montón de barro pegado al techo?

 Parece abandonado en la viga de alguna granja. Para saber si está habitado, basta con tener paciencia… Con un poco de suerte, veremos un pájaro entrar y, a veces, incluso distinguiremos unos piquitos que asoman por arriba.

Un confortable nido de golondrinas.

Estos pájaros construyen su hogar como si hicieran cerámica: pegando
bolitas de barro bien juntas y con fuerza. Destrozar esta casa a bastonazos sería
una malísima idea, pues seguramente alberga a unos frágiles polluelos.

¡Blanco o coloreado, tiene un agujero a cada lado!

Para encontrarlo, tendrás que ponerte una máscara de buceo y hacer un poco
de submarinismo. El animal al que pertenece está cubierto de púas.
Ten cuidado, no lo pises…

Es el esqueleto de un erizo de mar.

Situado justo debajo de las púas, sirve para proteger los órganos del animal.
Cuando el erizo muere, las púas se caen poco a poco y el caparazón
acaba en el fondo del mar. ¡Se conservan algunos de hace millones de años!

¿Un rarísimo interrogante?

Los canadienses dan un nombre muy musical a esta espiral: «cabeza de violín». Pero ¿a qué planta pertenece esta tierna yema que encontramos en muchos bosques del mundo entero?

¡Un bello brote de helecho!

Así es como se llama esta planta, que enrolla sus hojas o «frondas», cuando aún es muy joven. Algunos lucen un magnífico color rojo hasta que se desenrollan y se vuelven verdes. ¡Espectacular!

¿Qué hay dentro de estos papillotes peludos?

Crecen en el tallo de una planta muy alta que se empezó a cultivar en México hace siete mil años. Hoy día es uno de los alimentos más populares del planeta, tanto para los animales de granja como para el ser humano.

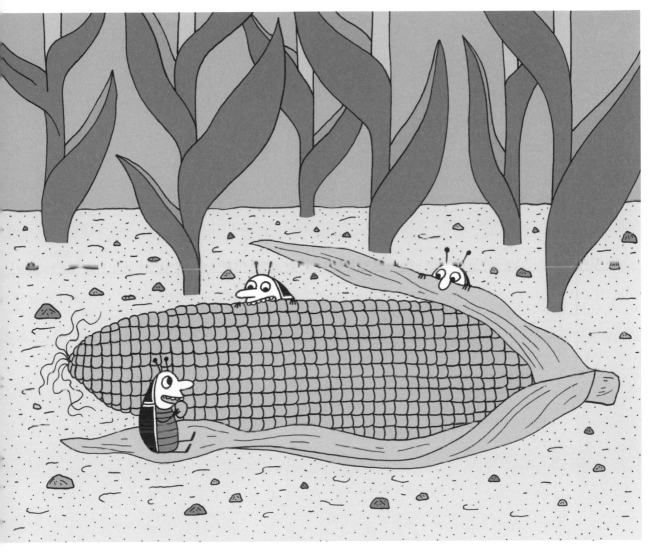

Son mazorcas de maíz.

En el interior hay cientos de granos muy bien alineados, unos junto a otros. No siempre son amarillos: también pueden ser blancos, negros o violetas. Se recogen cuando la planta se seca. ¡Ñam, qué ricas!

¿Un extraterrestre en el estanque?

Los ojos enormes de esta criatura, temible cazadora submarina, le dan
un aire de lo más inquietante. Tampoco despiertan simpatía esas patas de alienígena.
Sin embargo, es la larva de un bonito insecto, conocido por sus piruetas aéreas.

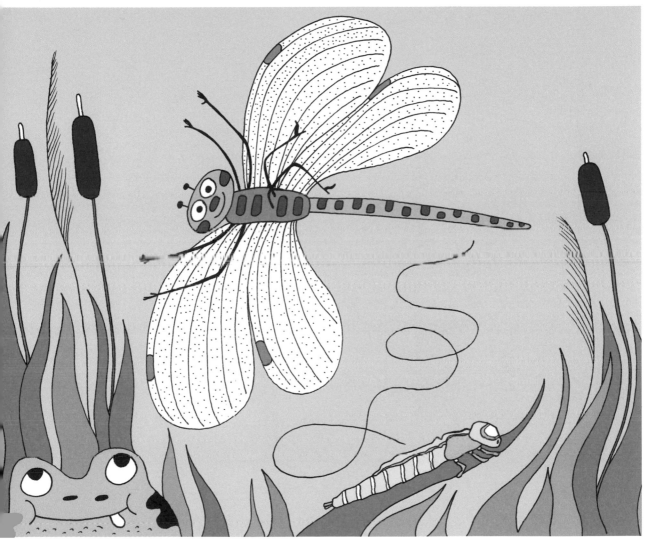

 Es la larva de una libélula.

El insecto mantiene esta forma durante uno o más años y luego sale
del agua para sufrir una metamorfosis. Cuando levanta el vuelo, se desprende
de su antiguo envoltorio. ¡Búscala en las riberas de agua dulce!

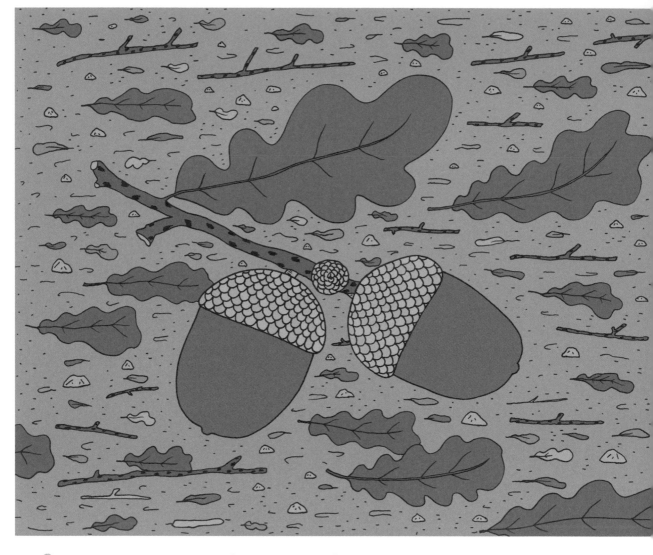

¡Es un fruto muy fácil de encontrar!

En el bosque o en el campo, podemos recogerlas al pie de unos árboles robustos que pueden vivir muchos años. Cuando se desprenden de la rama en otoño, los jabalíes y sus crías se dan un verdadero festín.

Esta bellota será un futuro roble.

El grano está recubierto de un gorrito llamado «cascabillo». Allí donde cae, en el suelo del bosque, brotará un nuevo árbol, pero habrá que esperar al menos veinte años para que también dé bellotas.

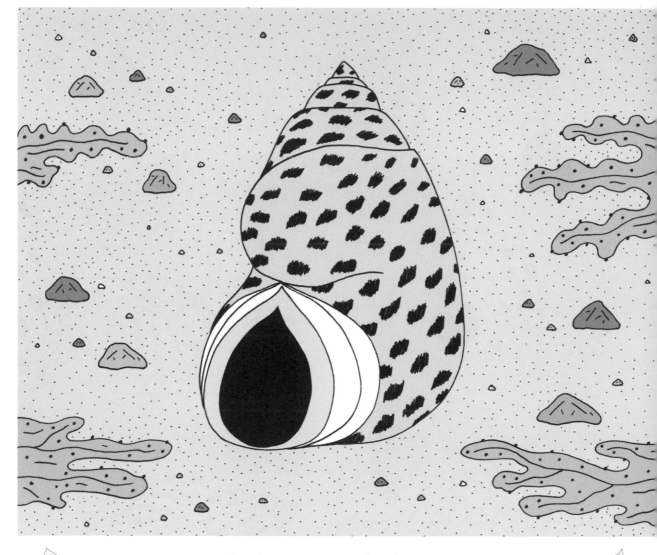

¡Qué casa tan alucinante!

Si dejamos este caparazón sobre una roca, siempre y cuando esté lleno, pronto veremos cómo salen del interior un par de pinzas y luego ocho patas, dos antenas y dos ojos. ¿Qué animal se esconde aquí?

Es el hogar de un cangrejo ermitaño.

Este crustáceo debe proteger la parte blanda de su cuerpo, por lo que toma prestada la valva vacía de otros moluscos. Al crecer, la abandona y se muda a otra más grande, ¡y así hasta los setenta años!

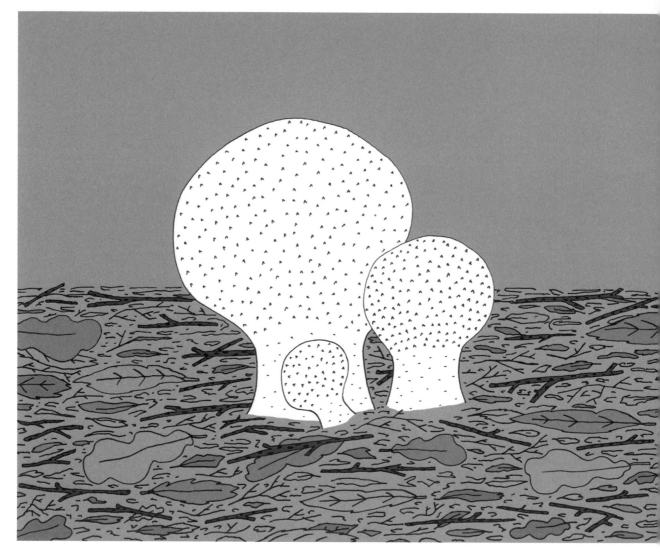

¡Bolas de nieve en otoño!

Estas formas blancas que encontramos en los bosques y los campos
son unas setas sin pie que, al envejecer, se ablandan y desprenden
una especie de humo. ¡Vaya cosa más asombrosa!, ¿no?

Son pedos de lobo.

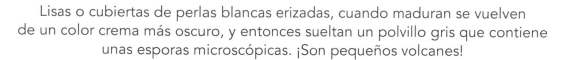

Lisas o cubiertas de perlas blancas erizadas, cuando maduran se vuelven
de un color crema más oscuro, y entonces sueltan un polvillo gris que contiene
unas esporas microscópicas. ¡Son pequeños volcanes!

¡Oh, ramilletes en miniatura!

Se conocen como «umbelas» y crecen en una planta muy conocida que igual encuentras en los huertos que al borde de los caminos. Los hortelanos la cultivan por sus famosas raíces, deliciosas ¡y ricas en vitaminas!

Son flores de zanahoria.

Esta raíz de hortaliza que el ser humano consume desde hace miles de años presenta cientos de variedades: redondas o largas, derechas o torcidas, naranjas o negras. ¡Las hay para todos los gustos!

¡De lejos, se diría que son nidos!

En realidad, se trata de una planta muy popular que crece en las ramas altas de los robles o los álamos. Forma una gruesa bola verde muy visible en otoño, cuando las ramas están desnudas. ¿Cómo ha llegado hasta ahí?

Pues no, son bolas de muérdago.

En invierno, los pájaros se comen sus pequeños frutos blancos
y después dispersan sus semillas a través de la caca. El muérdago no tiene raíces,
es una planta parásita que chupa la savia de los árboles para alimentarse.

 ## ¿Qué sale de este envoltorio?

Cuando crece, se abre y deja ver un sombrero anaranjado
que luego adopta la forma de un pequeño paraguas.
Este manjar es uno de los tesoros mejor guardados del bosque.

Es una amanita de los césares.

Esta seta, también llamada «huevo de rey» u «oronja», es una de las más codiciadas por los micólogos. ¡Cuidado! No se debe confundir con la *Amanita muscaria*, que es tóxica y tiene un sombrero rojo adornado con puntos blancos!

¡Piedras preciosas en un nido!

Sus colores nos hacen pensar en joyas antiguas, pero son huevos,
y los pone un pájaro muy común. Negro de la cabeza a las patas
y con un pico anaranjado, ¿adivinas cuál?

Así son los huevos del mirlo negro.

Cuando la hembra pone los huevos, casi siempre en nidos prestados,
ya tienen ese color verde azulado; esta especie de pintura natural protege
al pollito del calor de los rayos de sol.

¡Una bola que rasca!

Si encuentras una en el parque, a la orilla del camino o en el patio del colegio, alza los ojos: ha caído de un árbol fácilmente reconocible por su delgada corteza, que se desprende si la rascas…

Son frutos del plátano de sombra.

Esta pelota está formada por pequeñas semillas que se dispersan
con el viento gracias a la pelusa que las envuelve. Cada una de ellas puede
dar lugar a un nuevo árbol. ¡Fíjate, seguro que hay alguno cerca de casa!

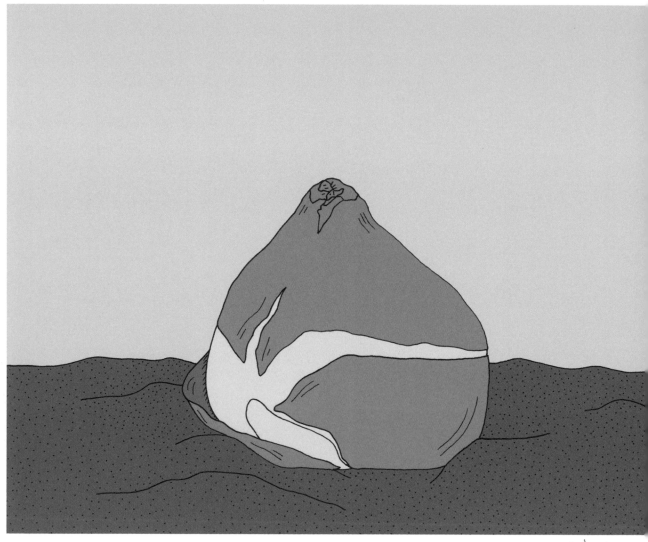

 ## ¡Una cebolla muy curiosa!

He aquí un regalo de cumpleaños perfecto para un jardinero. Lo plantará
en la tierra durante el invierno con la punta hacia arriba y, unos meses más tarde,
¡sorpresa!, empezará a brotar una flor muy alta de un bello color.

Es un bulbo de tulipán.

Esta parte gruesa del tallo sirve como almacén de alimento para la planta,
que le ayuda a resistir el frío del invierno para florecer en primavera.
Una vez plantado en la tierra, el mismo bulbo producirá tulipanes año tras año.

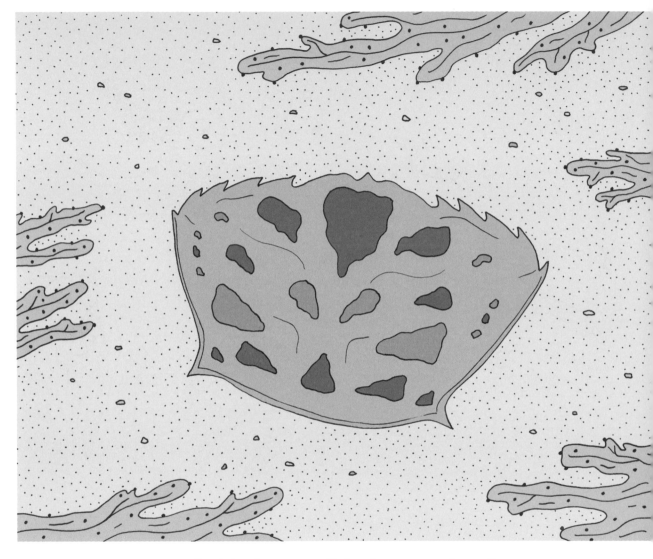

¿Quién ha perdido la armadura?

Para resolver este misterio, piensa en un animal al que puedes encontrar tanto en las rocas de la playa como en el fondo del mar. Camina de lado, enseñando un par de pinzas bien amenazadoras. ¿Lo adivinas?

Es el viejo caparazón de un cangrejo de mar.

Este animal tiene un cuerpo muy blando y frágil, por lo que
una protección así le resulta indispensable. Cuando muere, la coraza
se hunde en el fondo del mar y, a veces, acaba medio enterrada en la arena.

Parecen piedras blandas...

Viscosos, incomibles y malolientes. Crecen en el campo o a la orilla de los caminos. Su nombre lo saben unos pocos especialistas, la mayoría los llama «jaulas rojas». Espera a que madure y sabrás por qué.

Se llaman *Clathrus ruber.*

Estos hongos despiden un olor apestoso que atrae a las moscas. Cuando estos insectos se posan encima, unas semillitas llamadas «esporas» se les quedan pegadas al cuerpo y luego, mientras vuelan, las van diseminando. ¡Muy práctico!

 ## Un bombón que dice «No me comas».

Con la marea baja, podemos observar esta bola gelatinosa entre las rocas.
Cuando el agua la vuelve a cubrir, revela su verdadera identidad…
¡Pero cuidado, más vale no tocarla!

Es una anémona de mar.

Debajo del agua, se parece un poco a una flor exuberante.
Sin embargo, no es una planta, sino un curioso animal que extiende sus
venenosos tentáculos para capturar gambas y peces, ¡menudo festín!

¡Vaya troncho más raro!

¿Es una piña de pino? Si lo es, ¿qué le ha pasado? Seguro
que un pequeño glotón la ha dejado así después de haberla pelado
con mucha paciencia para comerse los ricos piñones.

¡Es una piña de pícea!

Este árbol también se conoce como «abeto rojo». Sus frutos son muy parecidos a las piñas de los pinos, pero más alargados y escamosos. Cuando caen, los ratoncillos del bosque arrancan las escamas para saborear los piñones.

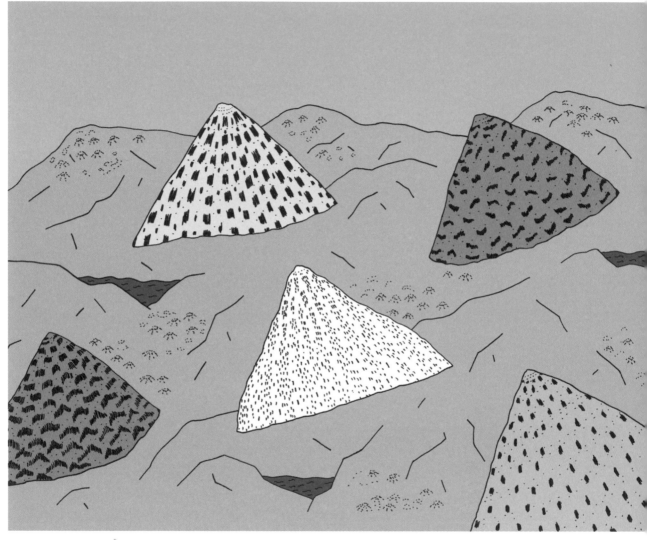

¡Son sombreros chinos!

Para saber qué esconde el interior de una de estas conchas,
espera que le pase una ola por encima. ¡No las arranques!
Muchas de estas especies están protegidas.

Se llaman lapas.

Con la marea alta, estas primas de los caracoles pastan entre las algas.
Con la marea baja, se adhieren a la roca como una ventosa y retienen el agua
en el interior de la concha para poder sobrevivir. ¡Tan pequeñas y tan listas!

¡Unos cuernos en el bosque!

Hace falta un poco de suerte para encontrar esta maravilla en el bosque.
El majestuoso mamífero que los ha perdido puede llegar a pesar
doscientos kilos, y su olfato es uno de los más agudos del reino animal.

El ciervo ha mudado su cornamenta.

Con nueve meses, a los machos les crece una especie de hueso
en la cabeza en forma de astas. Cada año, a comienzos de primavera,
pierden la cornamenta, y en verano, les vuelve a nacer otra aún más grande.

¿Un fantasma en el pino?

En el interior de esta bola sedosa crecen cientos de insectos que no despiertan
mucha simpatía: están cubiertos de unos pelitos minúsculos
que pican a rabiar. ¿Quiénes son los invasores?

Este nido contiene orugas procesionarias.

Se llaman así porque al caer al suelo se desplazan en fila, formando una larga procesión. En primavera, se entierran para transformarse en crisálidas y, más tarde, en mariposas nocturnas.

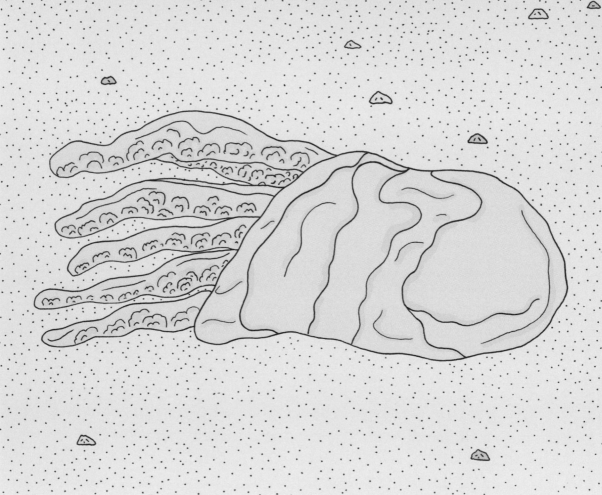

¿Una bolsa de plástico en la playa?

Si descubres una forma blanda y traslúcida como esta sobre la arena,
no la toques. Es un animal marino cuyos tentáculos pueden provocar
quemaduras, ¡el eterno enemigo de los bañistas!

¡Socorro, una medusa!

Esta criatura se deja llevar por las corrientes marinas. A veces, se acerca
peligrosamente a la costa y, empujada por las olas, acaba varada
en la arena. Eso, para ella, es una muerte segura.

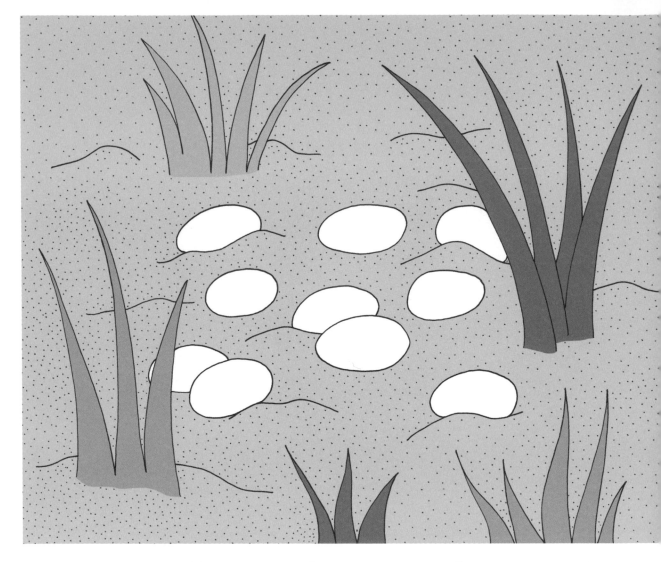

Parecen perlas muy pequeñas.

El animal que las ha puesto ahí no es un pájaro. Tiene cuatro patas
y le gusta descansar al sol después de una sesión de caza
de mariposas o arañas. ¿Conoces este reptil tan ágil?

 ## Son huevos de lagarto.

Entre una y tres veces al año, la hembra pone hasta diez huevos bajo tierra,
pero no los incuba. Cuando llega el verano, las crías son capaces
de salir y arreglárselas por su cuenta. ¡Qué espabiladas!

Título original: *Mais qu'est-ce que c'est ?*

© 2019, Saltimbanque Éditions

© 2023, de esta edición: Libros del Zorro Rojo
Barcelona - Buenos Aires - Ciudad de México
www.librosdelzorrorojo.com

Dirección editorial: Fernando Diego García
Dirección de arte: Sebastián García Schnetzer
Edición: Estrella Borrego
Traducción: Blanca Gago
Corrección: Andrea Bescós
Maquetación: Camila Madero

I S B N: 978-84-125704-4-1   Depósito legal: B-23190-2022

I S B N Argentina: 978-987-8998-02-2

Martin, Raphaël
Veo veo, ¿qué ves? / Raphaël Martin; ilustrado por Claire Schvartz. - 1a ed.
Ciudad Autónoma de Buenos Aires: Libros del Zorro Rojo, 2023.
96 p. : il.; 19 x 19 cm.

ISBN 978-987-8998-02-2

1. Narrativa Infantil y Juvenil Francesa. I. Schvartz, Claire, ilus. II. Título.
CDD 843.9282

Primera edición: marzo de 2023

Impreso por GPS Group, Eslovenia

El derecho a utilizar la marca «Libros del Zorro Rojo»
corresponde exclusivamente a las siguientes empresas:
albur producciones editoriales s. l.
y LZR Ediciones s. r. l.